Este libro le pertenece a:

_____

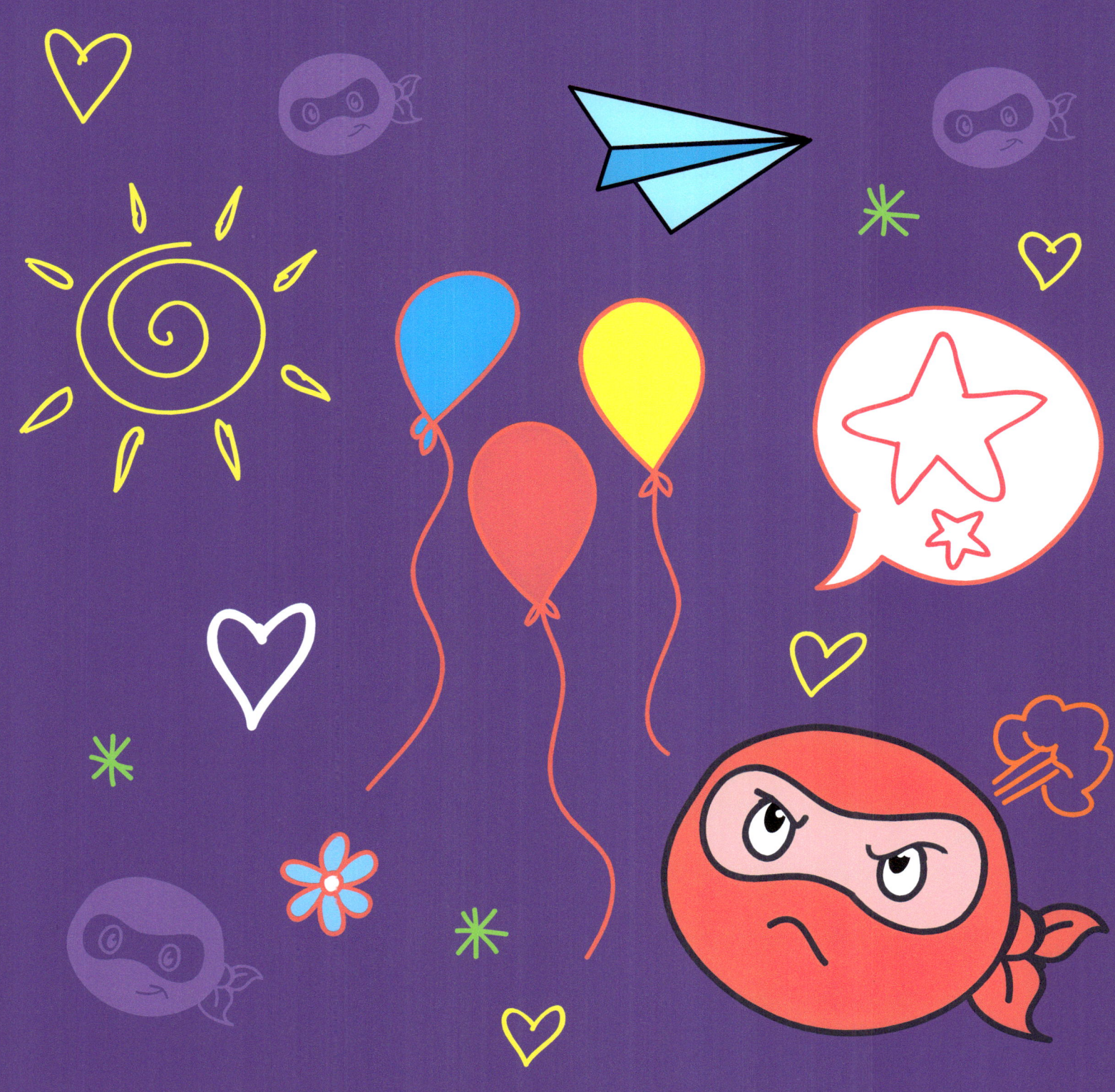

Este libro está dedicado a los padres, educadores y consejeros de todo el mundo. Tenemos el trabajo más importante para nutrir a la próxima generación.

Copyright © 2022 Grow Grit Press LLC. Todos los derechos reservados. Ninguna parte de este libro puede ser reproducida en ninguna forma sin el permiso por escrito de la editorial. Por favor, envíe solicitudes de pedido al por mayor a growgritpress@gmail.com Impreso y encuadernado en los Estados Unidos. NinjaLifeHacks.tv
Tapa blanda ISBN: 978-1-63731-474-6 Tapa dura ISBN: 978-1-63731-475-3

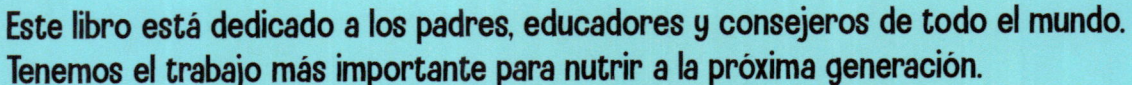

-Todo estará bien, mamá -dije mientras le ofrecía a mi madre un recordatorio suave.

Puedo mantener la calma incluso en las situaciones más preocupantes.

Cuando accidentalmente pateé la pelota fuera de los límites en lugar de en la portería, simplemente diría...

Si tuviera zapatos nuevos que fueran demasiado grandes, pensaría...

Si me eligieran como último, exclamaría...

Pero no siempre he estado tan libre de preocupaciones.

Érase una vez, que realmente podría ser muy preocupada.

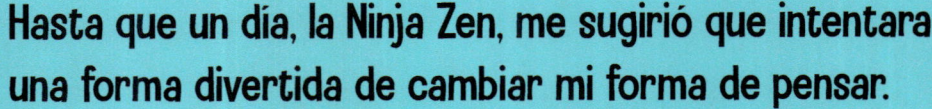

Hasta que un día, la Ninja Zen, me sugirió que intentara una forma divertida de cambiar mi forma de pensar.

"Lo que haces es reconocer la rueda de la preocupación en tu cabeza y detenerla en su camino."

"La rueda de la preocupación ocurre cuando se empieza a pensar en todos los escenarios posibles que podrían suceder, pero no han sucedido y probablemente no sucederán."

La rueda de la preocupación

Cosas que no puedo controlar

- Cuánto tiempo libre tengo
- Tomar clases en línea o ir a la escuela en persona
- El clima
- Acciones de otras personas
- No ser invitado a la fiesta

Cosas que puedo controlar

- Comer y dormir bien para mantenerme fuerte y saludable
- Lavarme las manos
- Decirles a otros mis sentimientos
- Mi actitud
- Amabilidad

círculo de control

Así que lo intenté.

Detuve la rueda de la preocupación en mi cabeza.

Determiné que no era algo que pudiera controlar.

Y respiré hondo.

Luego, soplé el diente de león.

¿Y sabes qué pasó después?

¡Funcionó!

A partir de ese día, me sentí mucho menos preocupada y mucho más tranquila.

El usar el círculo de control y la estrategia del diente de león podría ser tu arma secreta en contra de los pensamientos preocupantes.

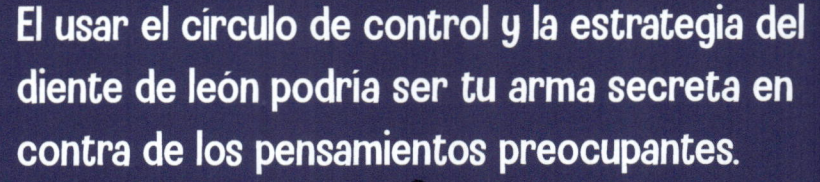

¡Visita ninjalifehacks.tv para obtener imprimibles divertidos gratis!

@marynhin   @officialninjalifehacks
#NinjaLifeHacks

Mary Nhin   Ninja Life Hacks

Ninja Life Hacks

@officialninjalifehacks

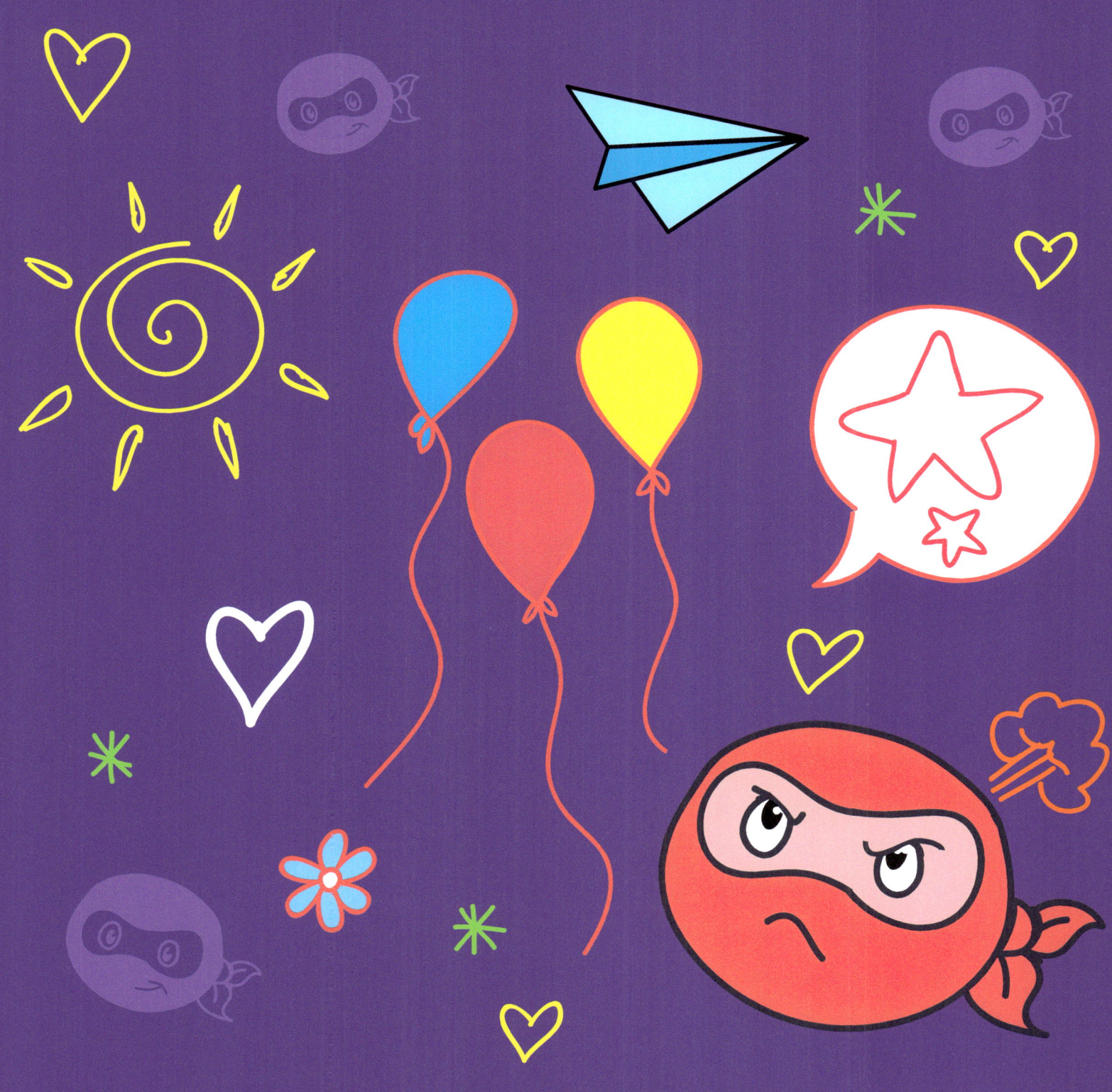

www.ingramcontent.com/pod-product-compliance
Lightning Source LLC
Chambersburg PA
CBHW041105070526
44583CB00002B/71